VALIENTE

2016
Mario Gonriv
Twitter: @Mario_Gonriv

ISBN: 978-1-326-83946-8

Diseño de cubierta: Mario Gonriv
Imagen de cubierta: Mario Gonriv

Impreso en Francia / Printed in France

Ediciones OTOÑO CLANDESTINO

PROYECTO A TRAVÉS DEL ESPEJO

Primera Edición: Noviembre 2016

A ti, que sigues mirandome desde ahí arriba

A mi hija Leire

A mis padres y a mi hermano

A todos los que han sufrido algún tipo de abuso

INTRODUCCIÓN

Es posible que tan solo los incomprendidos sean unos genios. Posiblemente no, posiblemente los incomprendidos sean tan solo unos necios, pero a veces la línea que divide a los necios de los genios es demasiado fina. Yo estoy en el lado de los necios, pero de los necios que creen en su obra, que la defienden con su vida, y eso quizás me convierta en un genio necio, o quizás en estúpido necio. Creo que nadie debería catalogarnos en genios y necios, tan solo nosotros mismos, porque tan solo nosotros sabemos realmente como es nuestra obra, lo que significa y lo que influye en nosotros, tan solo nosotros sabemos que somos unos genios aunque los demás solo nos vean como necios.

Los necios y los genios debemos aprender a encajar los golpes, las críticas y comentarios negativos de la sociedad, porque la sociedad es ese instrumento cruel que no sirve para nada. Pero pese a su destrucción, tan solo los necios y los genios sobreviven y marcan la diferencia.

Los necios y los genios sabemos que un camino no está formado por un único adoquín, sino que son muchos los adoquines que forman el camino, uno junto al otro, por lo tanto si vemos que falta un adoquín o está mal colocado no nos paramos ahí, porque sabemos que lo importante es lo que forman el conjunto completo de estos mismos, el camino. Este libro es un camino, formado con recuerdos y sentimientos arrancados de mi alma, esos son mis adoquines. Querido lector, si ve que no comprende alguno de estos adoquines no pare, no abandone este camino, porque hay muchos mas adoquines que le hará llegar al final del mismo. Sea necio o sea genio, pero sea algo.

Mario Gonriv

Zaragoza, España, 19 de Abril de 2016

Cuando se apague la luz solo quedará
una inmensa oscuridad

CHAN

Que se abran las tierras, querido amigo, que se abran para que nunca se vuelvan a cerrar, que se abran a cada lágrima de espinas que golpea el suelo, que se abran para no verme llorar. Que se abra la tierra y que se muera, que bastante desgracia lleva ya, que se abra para tenerte a su lado, cobijo de lluvia y tempestad. Hoy partiste lejos, amigo del alma, amigo, partiste para no volver nunca jamás. Que se abra la tierra, que se abra, que algún día volveré junto a ti, y nadie nos podrá separar.

AHORA

Ahora que ya me queda poco, quédate a mi lado, ahora que ya apenas respiro, cógeme bien fuerte la mano. Ahora que tengo miedo, no me abandones por favor.

ESTUDIO DEL AMOR I

Los labios pesaban, con sonido chirriante, como dos gotas cayendo en la arena, como dos cadenas que terminan por romperse. Los labios pesaban, pero solo vieron sus ojos.

OBESO

Quisiera ser un obeso que engorda únicamente de comerte a besos.

ESTUDIO DEL AMOR II

Las miradas se posaban frente a frente, dos desconocidos, finges que no me ves, juego a que no volveré a verte. Las miradas se posaban frente a frente, hasta que llegamos a la estación y tú te fuiste para siempre.

AUSENCIA

Que mi muerte no te detenga, que mi ausencia no sea un problema, que mi falta no sea un dolor, que no me olvides pero no me enquistes en tu corazón.

NOCHE DE POMELO

Sientes el frío, la brisa de la altura, el corazón al borde del colapso. Sientes la vida, ya tan lejana, tan escarpada, tan solitaria e incomprendida. Sientes su mano, cogida a la tuya, miras bajo tus pies, sientes la altura, la fuerza de la gravedad, sientes el sabor del pomelo.

Llega el momento, estás nerviosa, tienes dudas, tus pies son raíces que instan a agarrarse al borde para no caer, pero tu dolor es mas fuerte. Recuerdas todos y cada uno de esos momentos de tu vida. Ya nada importa, de hecho nunca le importó a nadie. A tu lado alguien igual que tú, es tu apoyo, también tu perdición. No hay mas tiempo que perder. Cuenta atrás y una salta primero arrastrando a la otra, que quizás se estaba arrepintiendo, obligando al final de la senda. Caes, golpe contra un techo, y al suelo. Tu mirada. Dirigida hacía el cielo, aún ve las estrellas. Aún sigues con vida, por poco tiempo. Luego mármol y flores. Ocurrió una noche de Septiembre, ocurrió una noche con sabor a pomelo.

AA1

Las pisadas rompen el silencio, de frío y hojalata, el olor putrefacto inunda las calles, las personas van con la cabeza baja, ya a nadie le interesan los colores, todo es gris, ceniza de alquitrán de tus memorias, asoman los abadejos, las ratas y los ratones, escupen tu enfermedad, de platos amarillos y marrones, la comida está servida, servida sobre las servilletas. No preguntes, no llores, no maldigas. Las tardes de Enero congelado, sombra de la escarcha, escucho los zumbidos, y cada golpe, una grieta en tu olvido. Me arden las venas, de volcanes de sangre negra, somos personas bajo tierra. Alimento de los gusanos. Blanco, blanco y Blanca, Blasco, ramas, cántaro de agua. Saludos, técnica de ambiente, y el sexo, solo el sexo, es lo que nos mueve, caparazón de calamar, energía de madrugada. La noche es tenue, las pisadas, vírgenes aladas. Trama indecible, incomprensión, solo la incomprensión, es lo que mueve este ruinoso mundo, y lo inundo, lo pregono a los cuatro vientos, las manos salen de la tierra, tierra que siempre devora a los hombres. No importa lo que seas o lo que trabajes, siempre acabaras siendo el polvo del camino que pisan mis zapatos.

ESTUDIO DEL RUIDO III

Sonaba a cada golpe, a cada paso, mientras mantenía los ojos cerrados, deseaba estar tranquilo por un momento, pero tenía miedo. Sonaba mientras mis manos escarbaban en la tierra, buscando dientes olvidados a cada bocado, sonaba mientras tenía miedo. Sonaban las lágrimas al golpear el suelo, sonaban porque yo ya estaba muerto.

LA CUEVA

En la cueva se esconden los recuerdos, recuerdos que prefiero olvidar, en la cueva se esconden los golpes, los desprecios y las palizas, las humillaciones y los rencores, la competitividad. En la cueva te escondes tú, ahora que para mi ya no existes.

En la cueva se esconden los sonidos, los ruidos a cada golpe, la sangre salpicada en las paredes, en la cueva solo está tu mirada, tu mirada cómplice, que siempre negó lo que allí ocurría. ¿Y tú decías que debías educarme?. En la cueva se quedó tu educación.

En la cueva se esconde tu vergüenza, tu mirada fría e impasible, en la cueva te escondes tú, y unos cuantos más.

En la cueva, sellada para que no salgáis, hay odio, el odio que vosotros me enseñasteis.

AA2

Los látigos de confianza, que a cada manzana que muerdo, muero y está podrida, caminando el camino escarlata, de piedras de hojalata, rodando por dentro de las cavidades de nuestros corazones, salto de saltamontes, salto mortal, que en mi lecho me hallo, y como un halo de aliento infinito, no respiro, no muero, no dejo a las flores marchitas, un incomprendido entre cipreses, el rey del cementerio, fiestas diurnas, banquete de los esclavos muertos.

ESTUDIO DEL AMOR III

Eramos dos completos desconocidos viviendo en un mundo perfecto, yo sentía el peso de tu mirada, tú el aire que salía por mis poros, yo prometía llevarte al fin del mundo, pese a que el mundo era muy pequeño, tú, tú tan solo me hacías sentir que nadie podría vencerme, para mi era suficiente, era todo lo que necesitaba de ti.

Eramos dos completos desconocidos viviendo en un mundo perfecto, sintiendo una guerra en nuestras venas, sin importarnos que nuestro corazón se parase en el mismo momento que se paraba el tiempo, nuestro tiempo. Eramos dos completos desconocidos viviendo en un mundo perfecto, hasta que sonó el despertador y me empujó la conciencia.

ESTUDIO DEL MIEDO I

Una herida llena de gusanos tropieza a cada esquina, tengo miedo a cada golpe, de hojalata y arcilla, tiemblan mis manos, mientras ríe el responsable, no hay protección posible, la marea me dejó abandonado.

Una toalla llena de sangre, entrando por mi ventana, ¿Por qué no os disteis cuenta? ¿por qué miraron hacía otro lado?.

Mi sangre brota por mis ojos, de candela y lujuria, el festival del abuso ha comenzado, en el huerto de mis cenizas. Catacumbas vacías, pendientes de la muerte, golpe tras golpe, despertando mis sentidos. Ojala mueras entre serpientes, de lágrimas y espinas.

Y TÚ NO TE DAS CUENTA

Me fracturo a cada bocanada de aire que me obligas a respirar, me fracturo a cada día que me obligas a vivir, me fracturo y tú no te das cuenta.

POR LA PIEL

Por la piel asoma un mendigo, lleno de lágrimas y desgracias, por la piel del olivo asoma su historia, tardes de sol y de azada, de flores marchitas, de escaleras descalzas, de noches sin dormir, y familias asesinadas. Por la piel asoma el campesino, semillas de odio y olvido, por la llanura viene el viento, por el túnel, la muerte.

ALEXANDER SUPERTRAMP

La fina hierba que nace a tus pies, de vagas creencias faltas de confianza. Ese trozo de metal abandonado, ese pedazo de hojalata.

La felicidad solo es real cuando se comparte, pero la libertad tiene un duro precio. En las altas montañas te suicidaste, por una creencia olvidada.

ESTUDIO DEL AMOR IV

Te quiero por placer, por tus tacones y por el dinero, te quiero por tus paredes rojas, por tu indiferencia y por tu olor a tabaco. Te quiero por tu actuación, por tu sexo y por tu perfume barato. Te quiero por tus treinta minutos, por tu whisky y por la noche.

LO PRIMERO

Lo primero me saldrá una enorme mancha en la piel, una mancha de desgracia y vergüenza. Más tarde se me caerá el cabello y las uñas, y estas golpearán el suelo como un terremoto. Nada volverá a ser como antes. Me hincharé, y me hincharé para luego reducirme en el olvido. No somos nada.

AA3

Enterrado en el más absoluto silencio, centrado en mi melancolía, mis manos son los árboles, de los frutos de la desidia. El mar está podrido, ya nadie quiere dormir en sus brazos. El amor está perdido, entre balas y balizas, ya nadie cree en ello, ya nadie cree.

ESTUDIO DEL RUIDO IV

Había ruido, cómo si el aire rozase mis mejillas, cómo si el tiempo se detuviese ante mi vacía mirada, había ruido, pero no me importaba.

Había ruido, pero sólo el ruido de pasar una eternidad a tu lado, el ruido de morirme en tus brazos cada noche y resucitar a la mañana siguiente. Había ruido, pero no me importaba.

Había ruido, cómo si tú, tan sólo tú, cómo si sólo existieses tú, sólo fueses tú.

Había ruido, pero el ruido fue tan intenso y ensordecedor, que ahora sólo hay silencio.

TODA UNA VIDA

Para toda la vida, aunque la vida sea larga, aunque duelan los ríos, aunque muera toda nuestra agonía. Para toda una vida y aún no será suficiente, porque necesitaré cinco vidas más.

Para toda una vida, y aún así amándote demasiado, olvidando las diferencias, quiero que estés a mi lado.

Para toda una vida, y nunca es suficiente, aunque haya más tormentas que días soleados, aunque la vida duela, aunque sangren las grietas de mi voz, para toda una vida, sin dudarlo, quiero vividlo contigo amor.

LA DUDA

La duda es lo que me asalta cada madrugada, la duda de no encontrar mi alma, la duda de partir mi cuerpo en dos, de desnudarme como si fuese un cacahuete, nadando en cascaras de lamento.

La duda de ser lo que soy, o de ser lo que quieren que sea, la duda de no elegir mi destino.

La duda del amor, cuando el amor no existe, o está escondido, la duda de la contraduda, del golpe a media asta, de esconderme en las cloacas, la duda de la muerte como único destino en la vida, de gritar lo que yo no elegí, y por eso condenado, a ser parte del alimento de las ratas de la sociedad.

La duda de la oscuridad, del amor oscuro, del amor prohibido.

AA4

Pieles quebradas por la plata, como un torrente de savia, que sube hasta la punta del cielo, roto por las tormentas, tormentas de paja que abren su paraguas al viento, viento de hojalata, metales en el corazón, y tú, tú rozas las gotas, gotas de lluvia de sangre, que sin quererlo, acaricias con la punta de los dedos. Los muertos yacen en la tierra, cubiertos de polvo y de raices.

LA ORILLA DE LOS PESCADORES

En la orilla esperan los pescadores, recogiendo redes de luna, ya no quedan peces que pescar, lloran las mujeres al despertar.

En la orilla ya no queda nadie, sólo huellas borradas por el mar, la sal lo pudre todo, cuando no hay nada más que pescar.

En la orilla esperan las mujeres, a los maridos que nunca van a llegar, vagan almas en pena, tragadas por el mar.

En la orilla huele a muerte, fantasmas sin piedad, en la orilla no reinan las mujeres, en la orilla reina la soledad.

ESTUDIO DEL RUIDO V

En tu pecho se escuchaba el ruido, el ruido de la tristeza, el ruido de la desesperación. En tu pecho se escuchaba el ruido, el ruido de los golpes mudos, de las lágrimas estrellándose contra el suelo. En tu pecho se escuchaba el mayor de los ruidos, el ruido del silencio.

SABER QUE ERES TÚ

Cerrarte los puños, fundir tus pupilas, arrancarte la piel, ser fiel a las cloacas. Cambiar los latidos, tragar la saliva y saber que eres tú, y sólo tú.

Esperar a cada momento, que los años no son nada y el tiempo detiene el momento. Saber que eres tú, y sólo tú.

Nadar en cada una de tus lágrimas, sentirme pequeño, diminuto, romper la horas, los minutos, los segundos, las fracciones de tiempo. Saber que eres tú, y sólo tú.

Partirme el pecho, arrancarme el corazón, que retumben los latidos, que la muerte sea mi única confianza. Saber que eres tú, y sólo tú.

Parar el viento, mover las figuras de los cuadros, tenerte siempre a mi lado. Saber que eres tú, y sólo tú.

Saber que eres tú, sólo tú, y que no te perderé nunca.

ESTUDIO DEL RUIDO VI

Disfruto de tu silencio, porque callados me ahogo en tus pupilas. Disfruto de tu silencio, porque en silencio saben mejor tus besos. Disfruto de tu silencio, porque de esta manera puede quererte sin necesidad de decirte nada. Disfruto de tu silencio hasta que tu silencio sea porque hayas marchado para siempre.

LO QUE DEBIERA

Como surcos por el barro, de candelas oxidadas, no hay lluvia en la alacena, cantadas de madrugada. Como pelos mojados, de verde tempestad, son mis pasos unos extraños, que miran sin respirar.

Como cantos de sirena, el tiempo está perdido, juego a ser quién no soy, porque las miradas no lo comprenderían.

Como cabrones despechados, tristes pasos uniformados, no son firmes, son malgastados, a las rubias y a los infelices.

Como hijos de puta, esperando a ser follados, por el follaje de la maleza, son paja, son crudeza, son tormentas de vanidades.

Como un incomprendido, que comprende pero se hace el necio, crees que me conoces, pero soy un desconocido.

Como setas y cloacas, temo a la muerte, no es pan ni mi suerte, no es pieza de ceniza.

Como queriendo ser lo que no soy, como patas de una mesa, como las ropas sucias y viejas, guardadas en mi viejo armario que nadie quiere abrir.

Como nacer sin elección, y arrepentirse de ello, como una carcasa, que esconde, lo que nadie quiere ver.

Como lo que soy.

ELLA SOÑABA

Ella soñaba con nubes mientras su corazón era arrancado, en mitad de una urbe sin palabras ni comprensión, ella soñaba con algo que no era tan complicado, ¿como explicas a alguien qué es el amor cuando nunca se ha sentido querido?.

Ella soñaba, porque sólo se sueña lo que no ocurre en la realidad, soñaba con la vida, soñaba con la libertad. Ella soñaba desde bien pequeña, cubierta de ramas y barro, a golpes, a hostias, a desprecio e indiferencia. Ella soñaba, porque soñar es gratis, porque soñar es lo único que no te pueden robar a base de golpes. Ella soñaba, soñó durante sus quince años, soñaba lo que ahora ya no puede soñar.

LAS FLORES

En la orilla ya no crecen las flores, el mar se las ha comido, en la orilla sólo crece la muerte, empapada en sal y yodo.

En la orilla ya no crecen las flores, las dunas se las han comido, en la orilla sólo crece el vacío, vacío de muerte y abrigo.

En la orilla ya no queda nada, ni flores, ni mar, ni frío, se han ahogado en la noche, devoradas por el río.

LA NOBLE INCAPACIDAD DE SER FELIZ

No puedo darte la felicidad, ni subirte a la luna, no puedo regalarte una estrella, porque por no poder, ni siquiera puedo arrancarte una sonrisa.

Soy incapaz de regalarte una vida, impotente de darte el amor que necesitas, no puedo mentir cuando la vida es una mentira, no puedo evitar lo que un día construimos.

No puedo, soy incapaz.

REQUIEM I

La realidad a veces asoma la cabeza sobre la ficción, lo material nos corrompe como pequeños gusanos devorando la carne fresca. No somos libres pero nos gusta ser presos de una sociedad absurda. Las mentiras son el alimento del pueblo, un pueblo muerto por el hambre, o por la opresión política. La felicidad no existe, y si existe, no la conocemos. No hay pan, no hay carne, no hay vida.

CARNE PUTREFACTA

No importa si eres rico o pobre, si eres gordo o delgado, si eres solidario o tirano.

No importa si eres feo o guapo, si eres blanco o negro, si eres poderoso o un desgraciado.

No importa que seas lo que seas, no importa nada, porque al final acabaras siendo carne putrefacta enterrada en un agujero.

REQUIEM II

Mis brazos, cada vez más delgados, intentan en vano luchar con la tierra, barro, que cubre mis entrañas, gusanos a los que alimento. Mis brazos, cada vez más delgados, se rinden ante la muerte, muerte que hace tiempo tenía que haber llegado. Mis brazos, mis brazos cada vez más delgados, mis brazos.

AA5

Son tierras que se abren, a la llanura de muertos, restos de batalla, familias destrozadas.

Son tierras que se abren, a la llanura de derrota, cuerpos que se pudren con el calor, olor y descomposición.

Son tierras que se abren, a la llanura de muertos, de muertos y derrotas, de banderines y armaduras.

REQUIEM III

Golpeo la pared, araño hasta que se vean los huesos. Chillo, desprecio.

No hay luz, no hay campanilla, ni cordeles de los que tirar.

No hay oxigeno y me cuesta respirar. No hay dolor, no hay miedo.

No hay tiempo, o quizá hay demasiado. Hay tierra, no hay vida, hay muerte.

AA6

Con el corazón hecho jirones, sangrando, derramando el amor que te quiero dar y no puedo. Con el corazón hecho jirones, por tener que ocultar un amor prohibido. Con el corazón hecho jirones hasta el día que me muera.

SOY LO QUE NO SOY

Soy lo que no soy, siempre ocultándome, soy lo que soy, y aún así no lo soy.

Soy lo que no soy, soy lo que no quieres ver, oculto entre razones, de piedra y pizarra. Soy lo que no soy.

Soy lo que no soy, y eso es lo que cuenta, soy un ángel al que le han arrancado las alas.

LA LATITUD

La latitud es el sentimiento que siento por ti. La latitud es lo que me empuja a dar mi muerte por tu vida.

YO SOBRE TI

Chillas, gritas, desgarras tus cuerdas vocales.

Yo sobre tí, convencido de que quieres.

Te retuerces, lloras. Yo sobre ti, toco tus pechos.

Me suplicas que pare, gritas un rotundo *no* que parece un terremoto. Yo sobre ti meto los dedos por debajo de tu falda.

Quieres morir, no lo soportas más, yo sobre ti, sólo soy un enfermo.

EL PASILLO OSCURO

Tin, tan, suenan las campanas, tin, tan, se acercan los pasos lúgubres, ahogados por la violencia, violados por el odio y la mezquindad. Las huellas son cada vez más profundas, enterradas bajo el barro del pasillo, sin luz, sin larvas.

Arrojando la vida, tin, tan, tengo miedo, no quiero ver la sangre negra salpicando las paredes blancas. Son actos de fe, pruebas de que un dios me abandonó.

Tin, tan, ya huelo el calor de su respiración, el sonido de la mano levantándose, cortando el espíritu tan lleno de vida, tin, tan, y el tan se convirtió en un duro golpe, partiendo mi cuerpo en dos, sintiendo el silbido de la desesperanza, tan, tin, ton, tun, mi cuerpo es semilla de un árbol.

www.ingramcontent.com/pod-product-compliance
Ingram Content Group UK Ltd.
Pitfield, Milton Keynes, MK11 3LW, UK
UKHW020216250726
13967UKWH00001B/32
9 781326 839468